# Rosenköstlichkeiten

Eva Utz-Hiltl

03.07.10

# Rosenköstlichkeiten

*Kulinarische Besonderheiten aus Rosenblüten und Hagebuttten*
*Duftende und pflegende Blütenkosmetik*

Eva Utz-Hiltl

Schwedhelm
Verlag

**Bibliografische Information der Deutsche Bibliothek**

Die Deutsche Bibliothek verzeichnet diese Publikation in der Deutschen Nationalbibliografie; detaillierte bibliografische Daten sind im Internet über http://dnb.ddb.de abrufbar.

**Haftungshinweis:** Dieses Buch ist als Ideengeber und Kochbuch gedacht. Autorin und Verlag übernehmen keine Haftung für gesundheitliche Schäden oder Verletzungen.

ISBN 978-3-941317-06-2

© 2010 Schwedhelm-Verlag

Satz: modern ART, Vilshofener Str. 12, D-93055 Regensburg

Druck: Druck Team KG, Vilshofener Str. 12, 93055 Regensburg (www.druck-team-kg.de)

*Drei Rosen hab ich in der Hand,*
*die send ich Dir aus fernem Land.*
*Die erste ist das Wohlergehn,*
*die zweite ist das Wiedersehn,*
*die dritte ist, die freundlich spricht,*
*vergiss mich nicht.*

*Die Hand, die Rosen schenkt,*
*duftet stets ein wenig*

# Inhaltsverzeichnis

Quellenangabe: www.welt-der-rosen.de, Seite 6, 7, 15, 31

Vorwort

*Es erröten wie die Mädchen,
nun die Hecken, seht nur hin.
Oh die Rose, ach, die Rose ist
der Blumen Königin!*

*Rosen beschatten alle Hänge;
traumlos rieselt der Schlaf
von ihren bebenden Blättern.*

*Wenn Zeus den Blumen eine
Königin geben sollte,
müsste die Rose
diese Krone tragen.*

(Sappho um 600 v. Chr.)

Seit ich als Kind das Buch „Rosen Resli" von Johanna Spyri geschenkt bekam, war meine Leidenschaft zu Rosen geweckt. Erst viele Jahre später konnte ich meinen Traum von einem eigenen Rosengarten erfüllen. Im Laufe der Zeit wurde dieser immer größer und sortenreicher.

Entgegen der üblichen Lehrmeinung und entsprechend meiner Lebenseinstellung lasse ich die Rosenstöcke fast ungehindert wachsen. Sie werden auch nicht gespritzt, nur mit Kompost, Hornspänen und reiner Holzasche gedüngt. Ich gebe ihnen keinen Winterschutz, sie müssen das Klima in unserer Gegend aushalten. Ich erlebte mit dieser Methode schon manchen schmerzlichen Verlust, aber die Zeitersparnis und die Wuchsfreude der geeigneten Sorten machen diesen wieder wett. Außerdem wird dann immer wieder Platz für neue Sorten frei.

Jedes Jahr warte ich mit Sehnsucht auf die ersten Blüten. Stecke die Nase in die Blumen und lasse den Duft durch meinen Körper strömen. Bei der Zubereitung der unterschiedlichen Gerichte duftet das ganze Haus nach Rosen.

Danke möchte ich meiner Familie sagen, die mich öfter im Garten, als im Haus vorfindet. Ein besonderes Dankeschön gilt meinem Mann der mich treu und voller Geduld durch jeden Schaugarten begleitet hat.

Eva Utz-Hiltl
Frauenberg im Januar 2010

## Botanische Fakten

Die Rosen gehören zur großen Familie der Rosengewächse (lat. Rosaceae).

Sie sind weltweit verbreitet. Ihre Wuchshöhe erstreckt sich von einigen Zentimetern bis zu 30 m hohen Bäumen. Viele Mitglieder der Familie sind für uns Menschen von Nutzen.

### Bekannte Vertreter der Rosenfamilie:

**Beerensträucher** wie Himbeeren, Brombeeren, Erdbeeren

**Obstbäume** wie Apfel, Birne, Kirsche, Pflaume, Quitte, Mispel, Mandel, Aprikose

**Wildfrüchte** wie Schlehen, Ebereschen, Felsenbirnen, Weißdorn, Mehlbeeren

**Wildpflanzen** wie Frauenmantel, Odermennig, Blutwurz, Nelkenwurz, Mädesüß

### Rose ohne Dornen!

Rosen haben Stacheln und keine Dornen. Der Volksmund unterscheidet nicht und verwendet den falschen Ausdruck.

Dornen wachsen aus dem Holz der Pflanze. Sie sind ein Ast mit speziellen Aufgaben (Schutz) und lassen sich nur schlecht abbrechen.

Stacheln sind ein Teil der Rinde. Sie lassen sich leicht abbrechen, ohne dass dadurch die Pflanze groß verletzt wird.

Zuweilen findet man an Wildrosen seltsame, wuselige Gebilde. Diese Rosenäpfel oder Schlafäpfel werden durch die Rosengallwespe hervorgerufen. Sie legt ihre Eier in die Knospen und die Pflanze reagiert darauf mit ungewöhnlichem Wuchs.

*Heckenrosen*

*Rosenhecke*

## Bedeutung in Natur und Landwirtschaft

Die Wildrosen sind wichtiger Bestandteil der Feldhecken. Mit ihren Stacheln und ihrem stark verzweigten Wuchs, bieten sie vielen Wildtieren Schutz und Brutmöglichkeiten. Ihre Früchte, die Hagebutten sind Futterquelle und Vitaminspender für den Winter.

Die dort lebenden Vögel sind natürliche Bekämpfer von Schadinsekten.

Hecken schützen die Felder vor zu starkem Bodenabtrag durch den Wind.

Früher gab es spezielle Heckenmeister oder Hagmeister, die diese pflegten und regelmäßig schnitten. Die Hecken schützten die Siedlungen vor wilden Tieren und räuberischen Überfällen.

Zusammen mit den anderen typischen Gehölzen (z.B. Holunder, Weißdorn, Haselnuss) waren sie Apotheke und Nahrungsquelle für die Menschen und Tiere.

Leider wurden in den letzten Jahrzehnten immer mehr dieser wichtigen Biotope, zu Gunsten der maschinellen Landwirtschaft geopfert.

Oft sieht man Rosen in Weinbergen. Sie werden am Anfang einer Rebenreihe gepflanzt.

Dort dienen sie als Indikator für Mehltau. Rosen reagieren viel schneller, als Weinstöcke auf diese Krankheit und zeigen dem Winzer an, wann er mit einer Behandlung beginnen muss.

## Rosen in vergangenen Kulturen

Rosen spielten in allen Kulturen eine wichtige Rolle.

Die älteste Darstellung fand man im Knossospalast auf Kreta und wird auf 1600 v. Chr. datiert.

Bei den Griechen des Altertums war die Rose der Göttin Aphrodite geweiht. Diese wurde mit Rosen um ihren Hüften aus dem Meer geboren.

Die bekannte griechische Dichterin Sappho (600 v. Chr.) hat sie als „Königin der Blumen" besungen.

In der römischen Kultur war sie der Göttin Venus geweiht.

Während der Römerzeit kultivierte man Rosen zu Heilzwecken und zur Parfümherstellung.

Die Blüten waren Luxusgut für die Reichen, die ihre Speisesäle während der Festmähler mit Rosenblüten übersäten.

Bei den Germanen war sie die Blume der Göttin Freya. Ihr heiliger Hain wurde mit Rosenbüschen bepflanzt.

### Rosen im christlichen Glauben

Der alte Kult, der Verehrung der weiblichen Göttinnen, wurde auf die Jungfrau Maria übertragen. So hat die Rose als Attribut für die Gottesmutter ihren Platz in der Kirche erhalten. Maria wird als „Rose ohne Dornen" bezeichnet. Die Dornen stehen für die Erbsünde. Auf einigen Darstellungen ist sie als „Rosenmadonna" oder „Madonna im Rosenhag" dargestellt.

Die weiße Rose steht für die Jungfräulichkeit Marias. Die rote Rose symbolisiert den Schmerz Mariens und das vergossenen Blut ihres Sohnes während der Passion.

Die fünf Blütenblätter der wilden Rosen weisen auf die fünf Wundmale Christi hin.

Im Rosenkranz reihen sich Gebete aneinander, die mit aufblühenden Rosen verglichen werden.

Brot und Rosen sind Attribute für die Heilige Elisabeth.

Die „Goldene Rose" (auch Papstrose, Tugendrose, lat. Rosa aurea) ist eine päpstliche Auszeichnung. Die Blüte ist aus Gold geschmiedet und mit wohlriechenden Essenzen gefüllt.

Sie wird jährlich am Sonntag Lätare (Rosensonntag, 4. Fastensonntag) einer Persönlichkeit, einem Staat, einer Stadt oder einer Orga-

*Hl. Elisabeth*

nisation verliehen, die sich um die katholische Kirche besonders verdient gemacht hat.

„Sub rosa dictum" bedeutet, alles was unter einer Rose gesagt wurde unterliegt der Verschwiegenheit. An vielen Beichstühlen sind Rosenornamente angebracht, die an diese Verpflichtung erinnern.

„Der Tausendjährige Rosenstock" am Dom zu Hildesheim lässt sich kontinuierlich seit mindestens vierhundert Jahren bezeugen. Seine Geschichte geht auf eine alte Legende zurück. Die Rosette ist ein kreisrundes Fenster, das meistens über dem Kirchenportal angebracht ist.

Es symbolisiert in Anlehnung an eine Rosenblüte, die Vollkommenheit der sich nach allen Seiten verbreitenden Liebe des Göttlichen.

*Beichtstuhl*

### Rosen in der allgemeinen Symbolik, im Aberglauben, in Literatur und Politik

*„Sub rosa dictum"*

Die Rose als Hüterin von Geheimnissen übertrug man als Bezeichnung für das älteste Gewerbe der Welt. Die Liebesdienerinnen nannte man Rosengäßlerinnen, deren Freier Rosengäßler, die Häuser Rosenbad und die Straße Rosengasse oder Straße zum Rosengarten.

Hing eine frische Rose über einem Tisch oder war eine Stuckrose als Ornament an der Decke angebracht, so konnte man dort in abgeschlossener Vertrautheit miteinander reden, ohne dass etwas nach Außen drang.

### Aberglauben

Im Mittelalter glaubte man, dass in den Rosenbüschen Elfen und gute Geister wohnten, die die Menschen verzauberten und vor der schwarzen Magie der Hexen schützten.

Hebammen vergruben die Nachgeburt unter einem Busch der Heckenrose, um sich für den Beistand bei schweren Geburten zu bedanken.

Für die Alchimisten galt die Rose, als Blume der Weisheit und des klaren Geistes.

In Bayern schlugen die Bäuerinnen mit einer Hagebuttenrute auf die „verhexte Milch", die sich nicht zu Butter schlagen lies. Im Allgemeinen galten Hagebutten als Schutz gegen Behexung.

Ein bis drei Hagebutten, schweigend an Weihnachten oder Neujahr durchs Fenster gereicht und gegessen, sollen ein vorbeugendes Mittel gegen Krankheiten sein.

Die Rosenäpfel, auch Schlafäpfel genannt legte man früher „behexten" Kindern, die nachts immer weinten, unters Kopfkissen. Sie sollten dadurch ruhig werden und in den Schlaf finden.

Auch „Geisteskranken" wurden diese Zauberkugeln zur Beruhigung unters Kissen gelegt.

Bader hatten diese Kugeln, neben anderen Heilpflanzen in ihrem Angebot.

## Rosen in der Liebe

**Liebesorakel:** Wirft ein Liebespaar Rosenblätter in einen Bach und zwei Blätter schwimmen gemeinsam fort, ohne sich zu trennen, so werden die beiden bald heiraten.

Am Tag der Sonnenwende gepflückte Rosen sollen bis Weihnachten aufbewahrt werden. Während dem Kirchgang angesteckt, erscheint der künftige Gatte und nimmt sie dem Mädchen von der Brust.

Briefe an die geliebte Person parfümierte man gerne mit Rosenwasser.

Rosenlikör soll angeblich eine aphrodisische Wirkung haben.

## Sprache der Rosen

**Rosa:** Schüchternheit, Du sollst Dir Zeit lassen

**Rot:** Du hast mein Herz gewonnen, Symbol der Liebe

**Gelb:** Eifersucht, Untreue, abnehmende Liebe

**Weiß:** Reinheit und platonische Liebe

**Rot und Weiß** (je eine Blüte): Krieg

## Chiffren für das Liebeseinverständnis

„In die Rosen gehen", „Blumen brechen", „Röslein brechen" sind verschlüsselte Botschaften für ein geplantes Rendezvous.

## Rosen in der Literatur

Rosen kommen in vielen Geschichten, Märchen, Gedichten und Liedern vor.

„Dornröschen" und „Schneeweißchen und Rosenrot" der Gebrüder Grimm, „Rosen-Resli" von Johann Spyri, „Der Rosenelf" von Hans Christian Andersen .

Eines der bekanntesten Gedichte ist das „Heideröslein" von Johann Wolfgang von Goethe. Mein Lieblingslied ist das Schlaflied für Kinder:

1. *Guten Abend, gute Nacht, mit Rosen bedacht,*
   *mit Näglein besteckt, schlupf unter die Deck.*
   *Morgen früh, wenn Gott will, wirst du wieder geweckt,*
   *morgen früh, wenn Gott will wirst du wieder geweckt.*
2. *Guten Abend, gute Nacht, von Englein bewacht,*
   *die zeigen im Traum, dir Christkindleins Baum.*
   *Schlaf nur selig und süß, schau ins Traumparadies,*
   *schlaf nur selig und süß, schau ins Traumparadies.*

## Rosen in der Politik

In den „Rosenkriegen" stand die weiße Rose für das Haus York und die rote Rose für das Haus Lancester.

Beim „Brot und Rosen Streik" kämpften 14.000 Textilarbeiterinnen 1912 in den USA für ihre Interessen. Sie forderten gerechten Lohn (Brot) und eine menschenwürdige Arbeits- und Lebensumgebung (Rosen).

„Brot und Rosen!" wurden das Motto der amerikanischen Frauenbewegung.

Die „Weiße Rose" war eine Widerstandsgruppe um Sophie Scholl gegen den Nationalsozialismus.

### Rosen in der Medizin

Hagebutten

Die Hagebutten werden vielfach genutzt. Sie enthalten neben Mineralstoffen, Fruchtsäuren, ätherischen Ölen, Gerbstoffen, Pektinen und Flavonoiden vor allem viele Vitamine (C, A, B1, B2, K, P). Besonders zu erwähnen ist der hohe Gehalt an Vitamin C (100 g enthalten ca. 800 mg Vitamin C), es ist der höchste Wert unserer heimischen Pflanzen.

Während im Allgemeinen der Vitamingehalt von Tees innerhalb von kurzer Zeit abnimmt, bleibt der Vitamin C Gehalt im Hagebuttentee längere Zeit erhalten.

Duft

Der Rosenduft wird in der Aromatherapie in Form von Rosenöl eingesetzt.

Er hilft bei Kummer und Enttäuschung, Traurigkeit, Angstzuständen, depressiven Verstimmungen und allen emotionalen Störungen.

Bei körperlicher und geistiger Müdigkeit gibt er wieder Kraft und Lebensfreude.

Die Rose beinhaltet die Harmonie, d.h. weiblicher Part (Blüte) und männlicher Part (Stacheln) sind in einer Pflanze vereint.

In der Sterbebegleitung wird oft Rosenöl verwendet.

*Rosa Centifolia*

*Hagebutte*

Eingehüllt in den Duft der Rose fällt es tot kranken Menschen leichter Abschied zu nehmen und in eine andere Welt zu wechseln.

## Ein Rosenblatt

Als jüngst der Bach im Morgenglanze
den ersten Kuss der Rose gab,
da sank aus ihrem Blütenkranze
in seine Flut ein Blatt hinab.

Dies trägt er nun auf seinen Wellen
durch Wald und Flur um süssem Weh`
und wahrt es selbst an öden Stellen,
bis es verrauscht im tiefen See.

Wenn auch im bunten Weltgetriebe
schon  unsere letzte Freude schwand,
das Rosenblatt der ersten Liebe,
umschwebt uns bis zum Grabesrand.

Vincenz Zusner 1803- 1874

Rosensorten

Die hier vorgestellten Rosen haben sich seit Jahren sehr gut bei mir bewährt.

Sie sind nur eine kleine Auswahl aus meinem Rosengarten und dem zahlreichen Angebot der Gartencenter.

Mein Garten liegt auf 500 Meter Meereshöhe und wir haben sehr kalte Winde und relativ lange Winter, deshalb bleiben meine Möglichkeiten zur Rosenkultur beschränkt.

Ich verwende keinerlei Spritzmittel oder Gifte, aus diesem Grund kann ich nur sehr unempfindliche und robuste Sorten anbauen.

Ist man sich unschlüssig, welche Sorten für den eigenen Garten geeignet sind, kann ich nur empfehlen sich an gute Rosengärtnereien zu wenden. Dort wird man umfangreich und fachkundig beraten. Wer sich intensiver mit Rosen befassen will, dem rate ich zu einem Besuch der zahlreichen Rosarien. Hier sind die einzelnen Sorten mit dem Namen versehen, man kann sie begutachten und beschnuppern.

Für meine Gerichte eignen sich generell alle Rosen, die stark duften und eine kräftige Farbe haben. Gelbe und weiße Sorten nehme ich nur zur Unterstützung des Duftes, oder bei Blütenzucker, um die Farbpalette zu erweitern.

*Astrid Gräfin von Hardenberg*

*Alba Maxima
(seit ca. 1450)*

Diese Sorte bringt große, gefüllte Blumen mit einer nostalgischen Form hervor.
Sie ist intensiv bordeauxrot gefärbt und duftet sehr stark und angenehm.

**Blütezeit:** Die ganze Saison bis in den Herbst

**Wuchshöhe:** ca. 120 bis 150 cm. Sie kann als Strauchrose gezogen werden.

**Verwendung:** Sie ist für alle Gerichte geeignet und besonders schön und lange in der Vase haltbar.

Diese Jakobiterrose blüht nur einmal im Jahr mit vielen cremefarbenen, stark duftenden Blüten.

**Blütezeit:** im frühen Sommer

**Wuchshöhe:** bis ca. 2 m

**Verwendung:** Sie verwende ich für den Blütenzucker und in Kombination mit dunklen Sorten.

*Anna von Diesbach*
*(Gloire de Paris/ seit 1859)*

*Cardinal de Richelieu*
*(Seit 1840)*

Diese alte Rosensorte besitzt große, gefüllte, becherförmige, rosafarbene Blüten mit sehr starkem Duft.

**Blütezeit:** Sommer bis in den Herbst, allerdings mit nachlassendem Blütenflor.

**Wuchshöhe:** bis ca. 1,2 m

**Verwendung:** Die stark duftenden Blüten in Kombination mit roten Sorten.

Diese Vertreterin der Gallica-Rosen besitzt eine ungewöhnliche, samtig-dunkelviolette Farbe. Die Blüten sind gefüllt, groß und duften gut.

**Blütezeit:** Sommer

**Wuchshöhe:** bis ca. 1,2 m

**Verwendung:** Durch die kräftige Farbe und den guten Duft, können die Blüten in allen Zubereitungsformen eingesetzt werden.

*Centifolia Muscosa*
*(Moosrose/ seit 17 Jht.)*

*Omar Chaijam*
*(Omar Khayyám/entdeckt 1893)*

Die herrlich duftenden Blüten sind dunkelrosa, dicht gefüllt und teilweise geviertelt.
Die Knospen sind mit kleinen Borsten bewachsen, die an Moos erinnern.
Ich streiche gerne darüber und erschnuppere den würzig-harzigen Geruch.

**Blütezeit:** Juni bis Juli

**Wuchshöhe**: bis ca. 2 m

**Verwendung:** Die stark duftenden Blüten in Kombination mit roten Sorten.

Die Blüte dieser alten Damaszenerrose ist rosa, mittelgroß und gefüllt. Sie duftet sehr stark und angenehm. Sie ist meine robusteste und ergiebigste Sorte.
Sie kultivierte man aus dem Samen einer Rose, die auf dem Grab des persischen Dichters Omar Khayyám (1048-1131) wuchs.

**Blütezeit:** Hauptblüte: Mai bis Anfang Juli. Nachblüte: bis zum Frost.

**Wuchshöhe:** bis ca. 1,5 m. Bei mir hat sie aber bereits die stattliche Größe von ca. 3 m x 3 m erreicht.

**Verwendung:** Für alle Gerichte, bei Gelee nehme ich zur Unterstützung der Farbe eine rote Sorte dazu.

*Paul Noel
(seit 1913)*

*Reine des Violettes
(Queen of the Violets/seit 1860)*

Diese wuchsfreudige Kletterrose hat dichtge-füllte, sehr gut duftende, lachs-rosa Blüten. Sie erinnern mich an den Duft reifer Kir-schen.

**Blütezeit**: Mai bis Juli mit üppiger Blütenfülle; gute Nachblüte bis zum Frost.

**Wuchshöhe:** bis ca. 4 m. Sie eignet sich zum Bewachsen von Zäunen, Bögen und Pergolen. Würde ich sie nicht stark im Zaum halten, so hätte sie schon längst meine Terrasse über-wachsen.

**Verwendung:** Für alle Gerichte geeignet. Durch ihre gute Nachblüte verlängert sie die Saison für Rosengerichte bis in den Herbst hinein.

Sie besticht mit ihren wunderbaren purpur-rot-violetten, gefüllten und angenehm duften-den Blüten.

**Blütezeit:** Sommer, im Herbst leicht nachblü-hend.

**Wuchshöhe:** bis ca. 1,5 m

**Verwendung:** Sie ist wegen ihrer Farbe und ihres Duftes die ideale Sorte für alle Gerichte. Ihre Blüten mische ich gerne mit gut duften-den, aber helleren Sorten.

*Rosa pimpinellifolia*
*bzw. Rosa Spinoissima*

*Rosa Rugusa*
*(Kartoffelrose)*

Die Dünenrose, wie sie auch genannt wird, blüht weiß und ist einfach gefüllt.

**Blütezeit:** Mai bis Juni, mit sehr vielen Blüten

**Wuchshöhe:** ca. 1,20 m

**Verwendung:** Ich nutze nur die runden, schwarzen Hagebutten für exklusive Gerichte.

Die Kartoffelrose gibt es in den Sorten weiß und rosa mit einem starken und guten Duft. Die Blüten sind einfach gefüllt.

**Blütezeit:** von Anfang Juni bis zum Herbst

**Wuchshöhe:** bis 2 m
Rosa Rugosa fühlt sich in einer Hecke sehr wohl.

**Verwendung:** Ich verwende die Blüten der rosa Variante und die Hagebutten beider Sorten.

*Rose de Resht*
*(seit 1950)*

*Tour de Malakoff*
*(seit 1856)*

Diese Damaszenerrose gehört zu meinen Favoriten. Sie hat wunderbar duftende, purpurrote, gefüllte Blüten. Sie ist kräftig, pflegeleicht und absolut winterhart.

**Blütezeit:** Sommer bis zum Frost

**Wuchshöhe**: ca. 1,5 m

**Verwendung:** Sie besitzt bezüglich Farbe und Duft die idealen Voraussetzungen für die unterschiedlichsten Gerichte. Ihre Blüten mische ich gerne mit gut duftenden, aber helleren Sorten. Hat man nur wenig Platz im Garten zur Verfügung, so kann ich diese Sorte guten Gewissens empfehlen.

Diese Zentifolie besitzt sehr große, duftende, dichtgefüllte, purpurrote bis magentafarbene Blüten.
Ich liebe besonders ihren nostalgischen Charme, der an vergangene Zeiten erinnert.

**Blütezeit:** Sommer

**Wuchshöhe:** bis ca. 1,8 m. Zur Mauerbepflanzung oder für ein Klettergerüst gut geeignet.

**Verwendung:** Für alle Gerichte verwendbar, bei Gelee sollte sie aber mit stark duftenden Sorten gemischt werden.
Aus ihr lassen sich wunderbare, romantische Blumensträuße binden.

*Trigintipetala (Bulgarische Ölrose, Rose von Kazanlik, um 1689)*

*Variegata di Bologna (seit 1909)*

Sie gehört zur Familie der Rosa Damascena. Aus ihren rose, halbgefüllten und stark duftenden Blüten wird ein sehr gutes Rosenöl gewonnen.

**Blütezeit:** Der Strauch blüht nur einmal im Sommer

**Wuchshöhe:** über 2 m

**Verwendung:** Ich verwende sie in Kombination mit dunkleren Sorten für alle Gerichte. Zur Herstellung meines Rosen-Duftöles ist sie bestens geeignet.

Die weißen Blüten der Bourbonrose sind violett gestreift, stark gefüllt, kugelig und duften süß.
Sie gehört zu meinen dankbarsten und wuchsfreudigsten Sorten.
Allein schon wegen ihrer besonderen Blütenfarbe sollte sie in keinem Garten fehlen.

**Blütezeit:** Sommer, später nur mehr vereinzelt.

**Wuchshöhe:** bis zu 2 m, bei mit hat sie aber schon den angrenzenden Zwetschgenbaum erklommen.

**Verwendung:** Durch ihren sehr guten Duft ist sie für alle Gerichte geeignet. Bei Gelee sollte man einige dunkle Blüten zugeben, um die Farbe zu unterstützen.

*Westerland*
*(seit 1969)*

*Wilde*
*Heckenrosen*

Diese moderne Floribundarose hat angenehm duftende, apricot- bis orangefarbene, gefüllte Blüten

**Blütezeit:** Sommer bis zum Frost

**Wuchshöhe:** ca. 1, 5 m, gute, kräftige und unempfindliche Strauchrose.

**Verwendung:** Ihre besondere Farbe ist eine Bereicherung für den Rosenzucker und die getrockneten Rosenblüten. Ansonsten verwende ich sie nur in Kombination mit dunkleren Farben.

Diese Rosen findet man in den Hecken der Feldraine.
Sie erfüllen dort zahlreiche Aufgaben. Sie sind Schutz vor Bodenerosion, in dem sie den Wind bremsen. Sie bieten geschützten Raum zum Brüten für die Vögel und sind zugleich mit ihren Hagebutten deren Nahrungsquelle. Die Wildrosen kommen in zahlreichen Unterarten vor.

**Blütezeit:** ca. Juni

**Wuchshöhe:** von 1 m bis 3 m und mehr

**Verwendung:** Die Blüte nutze ich nicht, da deren Duft zu schwach ist. Ich verarbeite die Hagebutten, wobei ich aber an jedem Strauch genügend Früchte für die Tiere lasse.

# Regeln beim Verarbeiten von Rosenblütenblättern

Die verarbeiteten Blüten dürfen nicht gespritzt sein.

Bei Schädlingsbefall bitte unbedingt auf biologische Bekämpfungsmittel zurückgreifen.

Die Blüten sollten grundsätzlich nur bei trockenem, warmem und sonnigem Wetter geerntet werden. Kalte und nasse Blüten duften nicht. Manche Blüten duften zu unterschiedlichen Uhrzeiten. Hier muss man gut beobachten und ausprobieren.

Bevor die Blütenblätter zum Einsatz kommen, muss die weiße Spitze unten am Blütenboden abgeschnitten werden. Sie ist leicht bitter und kann den Geschmack der hergestellten Produkte beeinträchtigen. Es ist zwar etwas mühsam, aber es zahlt sich aus.

Es gibt einen einfachen Trick, der zwar verschwenderisch mit den Blüten umgeht, aber schnelleres Arbeiten ermöglicht.

Ich nehme die Blüte in die linke Hand, halte sie fest zusammen und schneide sie vom Blütenkelch ab. Dabei bleiben die weißen Spitzen und die Staubgefäße am Blütenboden, allerdings auch ein Teil der Blütenblätter. Ich kann mir diese Methode erlauben, da mich mein Garten mit einer Überfülle von Blüten beschenkt.

**Vorbereitung:**

Besondere Sorgfalt sollte man bei der Reinigung der verwendeten Gläser, Flaschen und Küchengeräte walten lassen.

Ich benutze keine Konservierungsstoffe und muss daher auf peinlichste Sauberkeit achten. Ich koche die Gläser, Flaschen und deren Verschlüsse immer kurz vor dem Abfüllen aus. Lasse sie dann umgedreht auf einem sauberen Küchentuch abtropfen. In die noch heißen Gefäße fülle ich die verarbeiteten Produkte ab.

Selbst Siebe, Kochlöffel oder Schöpfkellen koche ich aus. Diese Mühe macht sich bezahlt, denn nur so kann ich meine Ernte steril abfüllen.

Rosenblütenrezepte

*Ein Häuschen aus Rosen
von Nelken die Tür,
der Riegel von Veilchen,
so wünsch ich es Dir.*

## Rosenlimonade

200 g Zucker

200 ml Wasser

2 handvoll Rosenblüten

Saft von 4 Zitronen

Wasser und Zucker aufkochen, die Blüten dazugeben und vom Herd nehmen.
Die Flüssigkeit abgedeckt abkühlen lassen und danach abseihen.
Den Zitronensaft hinzufügen und je nach Geschmack mit Wasser verdünnen.

## Rosenblütenlikör

Geeignet sind alle stark duftende Sorten wie z.B: Rose de Resht, Omar Chaijam gemischt mit einer anderen roten Sorte, Variegata di Bologna gemischt mit einer roten Sorte.

100g Rosenblüten ohne helle Spitzen

250 ml 90% Alkohol

500 ml Wasser

375 g Haushaltszucker

0,5 l Wasser

Die Blütenblätter mit dem Wasser und dem Alkohol übergießen und ca. 14 Tage lichtgeschützt ziehen lassen.
Zucker und Wasser aufkochen, bis sich der Zucker löst.
Den Blütenansatz dazugeben und nochmals kurz aufwallen lassen. Abseihen und heiß in saubere Flaschen abfüllen.
Der Likör sollte einige Zeit dunkel stehen, um nachreifen zu können.
Mit der Zeit wird er immer besser. So nach ungefähr 2 Monaten ist er reif.

## Rosenblütensirup

| | |
|---|---|
| 2 handvoll Blüten ohne weiße Spitzen | |
| 1,5 l stilles Mineralwasser | |
| 2 kg  Zucker oder Fruchtzucker | |
| 50 g Zitronensäure | |

Die Blüten über Nacht im Mineralwasser abgedeckt, im Kühlschrank ziehen lassen.
Am nächsten Tag kurz aufkochen und abseihen. Den Sud mit Zucker und Zitronensäure nochmals aufkochen und noch heiß in saubere Flaschen abfüllen und gut verschließen.

## Kir Rose

1 Esslöffel Sirup auf ein Glas Prosecco, mit frischen Blüten garnieren

## Soße zu Eis oder Pudding

Etwas Sirup über Vanilleeis oder Vanillepudding geben.

## Rosensaft

| | |
|---|---|
| 2 handvoll Rosenblüten | |
| 2 l Wasser | |
| Saft von 4 Zitronen | |
| 1 kg Zucker | |

Die Blüten im Wasser über Nacht ziehen lassen.
Am nächsten Tag kurz aufkochen, bis die Blüten zusammengefallen sind.
Abseihen und den Sud mit dem Zucker und dem Zitronensaft aufkochen und noch heiß in Flaschen abfüllen.
Rosensaft ist ähnlich wie Rosensirup, allerdings nicht so süß.
Er kann genau wie Sirup verwendet werden.

**Tipp:**
**Rosen-Getränk:**
**1 Esslöffel Sirup auf ein Glas Wasser,**
**mit frischen Blüten garnieren**

## Rosenessig

500 ml guten Weißweinessig

130 g Zucker

100 g frische Blütenblätter von Duftrosen

Essig und Zucker aufkochen, ein wenig abkühlen lassen und über die Blütenblätter gießen.

Den Ansatz 14 Tage stehen lassen, abseihen und in schöne Flaschen abfüllen.

## Rosenhonig

100 g getrocknete Blüten von
stark duftenden Rosen

600 g hellen, flüssigen Honig

80 ml Rosensaft (s. Seite 32)

Man gibt alle Zutaten in einen Topf und rührt gut um.

Mit einem Deckel (nicht aus Glas) lichtgeschützt zugedeckt, stellt man ihn für einige Stunden in die Sonne bzw. in die auf ca. 40° C eingeheizte Backröhre. Die Temperatur sollte nicht überschritten werden, sonst gehen wichtige Inhaltsstoffe verloren.

Der Honig soll danach noch 2 Tage bei Zimmertemperatur mit den Blüten ziehen.

Anschließend abseihen, gut auspressen und in Gläser abfüllen.

Die Herstellung ist eine klebrige Angelegenheit, aber dafür erhält man ein außergewöhnliches Produkt.

 *Rosenblüten-Mus*

Geeignete Sorten:

Hier kann man dunkle mit hellen Sorten mischen, je nach Verhältnis ergibt sich eine andere Farbe. Eine interessante Spielerei ist, wenn man aus den unterschiedlichen Farben separates Mus zubereitet.

*1. Variante:*

| 500g  Blüten |
| --- |
| 1 kg Gelierzucker 1:1 |
| ½ l Rotwein, bei hellen Blüten Weißwein |
| 1 Spritzer Zitronensaft |

Alle Blüten und Zucker durch den Fleischwolf drehen oder mit der Küchenmaschine mixen. Den Wein aufkochen, die Masse dazu und nochmals aufkochen, ca. 5 Min. köcheln lassen. Heiß in Schraubgläser abfüllen.
Bitte kleinere Gläser verwenden, da das geöffnete Mus nicht lange haltbar ist.

Das Mus ist leicht herb-bitter und passt deshalb hervorragend zu Käse.
Vermischt mit Frischkäse oder als Beilage zu anderen Käsesorten. Allerdings sollten diese keinen zu intensiven Geschmack haben.

*2. Variante:*

*Rosenblüten-Himbeer-Mus*

Geeignete Sorten: Für diese Variante können gut hellere Blüten verwendet werden, denn durch die Himbeeren erhält man eine ansprechende rote Farbe.

| 250 g Blüten |
| --- |
| 250 g passierte Himbeeren |
| 1 kg Gelierzucker 1:1 |
| ½ l Rotwein |
| 1 Spritzer Zitronensaft |

Himbeeren mit wenig Wasser aufkochen und durch ein Sieb streichen.
Blüten, Himbeeren und Zucker mixen.

Rotwein aufkochen, die Masse dazu geben und nochmals aufkochen und 5 Min. köcheln lassen.

Heiß in kleine Schraubgläser füllen.

Anstelle der Himbeeren können auch Erdbeeren verwendet werden. Feiner ist allerdings die Variante mit Himbeeren, da diese Früchte meiner Meinung nach, besser mit Rosen harmonieren.

Dieses Mus ist bedingt durch die fruchtigen, süßen Himbeeren besser für süße Gerichte oder Kuchen geeignet.

*3. Variante:*

## Rosenblüten-Aronia-Himbeer-Mus

500 ml Aroniasaft (Apfelbeeren)

300 g passierte Himbeeren

200 g Rosenblüten • 1 kg Gelierzucker

Dieses Mus wird wie die zweite Variante hergestellt.

## Rosen-Früchte-Soße

20 g Rosenblüten von stark duftenden Sorten (ohne die weißen Blütenansätze)

100 g Himbeermark oder Erdbeeren

40 g Zucker

1 TL Vanillezucker

Vanilleeis

Schokoraspeln

Himbeeren kurz aufkochen und durch ein Sieb streichen, erkalten lassen.

Die Erdbeeren brauchen nicht passiert werden, sie können direkt mit den Zutaten gemixt werden.

Der bittere weiße Ansatz der Rosenblüten sollte abgeschnitten werden.

Alle Blüten, Früchte und Zucker mit dem Zauberstab schaumig mixen.

Die Soße auf einen Teller geben und mit einer Kugel Eis und Schokoraspeln garnieren.

## Rosenblüten-Gelee

Es eignen sich alle dunklen Sorten. Bei hellen Rosen gebe ich einfach einig dunkle Blüten dazu, um die Farbe zu verbessern.

| |
|---|
| *150 g Blütenblätter ohne helle Spitzen* |
| *¾ l Wasser* |
| *1 kg Gelierzucker 1:1* |
| *1 TL Zitronensäure* |

Die Blütenblätter mit dem Wasser zugedeckt, an einem kühlen Ort über Nacht ziehen lassen. Am nächsten Tag alles zusammen solange aufkochen, bis die Blätter zusammengefallen sind und die Farbe ins Wasser übergegangen ist (ca. 2 Min.). Abseihen und gut ausdrücken, auf einen ¾ l Flüssigkeit wieder ergänzen.
Gelierzucker und Zitronensäure unterrühren und nach Packungsanleitung aufkochen. Bei der Zugabe der Zitronensäure ändert sich die Farbe zu einem schönen Rotton.
Das Gelee noch heiß in saubere Schraubgläser füllen.

## Süße Rosensoße zu Dessert

| |
|---|
| *50 g dunkle Rosenblüten* |
| *100 g Rosenzucker (s. Seite 37)* |
| *100 ml Apfelsaft* |

Alle Zutaten gut mixen und als Soße zu Eis oder anderen Cremedesserts verwenden.
Die Soße kann kalt, aber auch warm serviert werden.
Im erwärmten Zustand ist sie leicht bitter, aber doch interessant im Geschmack.

# Rosenzucker

Geeignete Sorten:
Beim Rosenzucker kommt es sehr stark auf den Duft an. Hier mische ich helle mit dunklen Sorten. Je nach Verhältnis variiert die Farbe von rosa bis rot.

*1. Variante:*

10 g getrocknete Blütenblätter
ohne weiße Spitzen
90 g weißer Zucker

Die Zutaten mit dem Zauberstab mixen und mit einer Vanillestange von ca. 2 cm Länge in ein Schraubglas geben und gut verschließen.

*2. Variante:*

Möchte man den Zucker zum Verzieren von Desserts oder als Streudekoration für den Teller verwenden, so brauchen die getrockneten Blüten nicht so fein gemixt werden.

Sehr attraktiv sieht es aus, wenn Blüten unterschiedlicher Farbe verwendet werden( rosa, gelb, orange, rot, lila). Hier ist weniger der Geruch entscheidend, als die Farbkombination. Ansonsten werden sie so wie in Variante 1 weiterverarbeitet.

*3. Variante:*

100 g frische Rosenblüten
ohne weiße Spitzen
600 g Zucker

Zutaten im Mixer pürieren und bei geöffneter Backofentür bei ca. 50° C langsam trocknen.
Bei diesem Verfahren erhält man den intensivsten Rosengeschmack.

## Rosensalz

100 g dunkle Rosen

600 g Salz

Die frischen Rosenblüten mit dem Salz in der Maschine mixen.
Die Masse dünn auf ein Backblech verteilen und warm und dunkel trocknen lassen.

**Tipp:**
**Bitte kein Jodsalz verwenden, sonst schlägt die Farbe von rot auf blau über.**

## Rosenblüten Pannacotta mit Früchten

**6 Portionen:**

600 ml Sahne

40 g Rosenzucker aus frischen Blüten
(s. Seite 37)

1 P. Vanillezucker

1 kleine handvoll fein geschnittene
dunkle Blüten • 6 Blatt Gelantine

Früchte: Erdbeeren oder
Himbeeren zum Garnieren

Die Sahne mit Zucker und Vanillezucker zum Kochen bringen. Die Gelantine im kaltem Wasser einweichen und gut ausdrücken.
Unter Rühren in der heißen Sahne auflösen, leicht abkühlen lassen. Die geschnittenen Rosenblüten dazugeben, nicht mehr erhitzen, da sie sonst die Farbe verlieren. Die Rosensahne in kalt ausgespülte Förmchen geben und zugedeckt im Kühlschrank fest werden lassen. Die Förmchen auf einen Dessertteller stürzen und mit Blüten und Früchten garnieren.

## Weißes Blütenmousse

**10 Portionen bei 0,1 l Gläsern:**

*200 g weiße Kuvertüre • 2 Eier*

*2 cl Rosenlikör  (s. Seite 31)*

*1 Blatt Gelantine*

*25 g Rosenzucker (s. Seite 37)*

*350 g geschlagenen Schlagsahne*

*1 handvoll frische Rosenblüten alternativ*

*ca. 5 g getrocknete Blüten*

Die Kuvertüre im warmen Wasserbad schmelzen. Die Blüten im Mixer zerkleinern. Eier und Zucker in einer Schüssel schaumig rühren. Gelantine einweichen, gut auspressen und im Rosenlikör erwärmen. Die Eiermasse im Wasserbad aufschlagen und zuerst die Schokolade, dann die Gelantine einrühren. Die Schüssel zum Abkühlen in kaltes Wasser stellen. Zum Schluss die geschlagene Sahne vorsichtig unterheben. Die Mousse abwechselnd mit den Blüten in Gläser füllen, so dass sich die unterschiedlichen Schichten gut voneinander abheben, mindestens 4 Std. kalt stellen.

## Süße Rosen-Sünde

**6 Portionen:**

*100 g Edelbitterschokolade ( 70 % Kakao)*

*100 ml Sahne*

*200 g Himbeeren*

*3 EL Rosen-Himbeer-Mus (s. Seite 34)*

*evtl. etwas Rosenlikör (s. Seite 31)*

*6 Kugeln Vanilleeis*

Schokolade grob schneiden und mit der Sahne in einer Schüssel im Wasserbad schmelzen.
Die Sahne-Schokomasse umfüllen und im Kühlschrank erkalten lassen.
Die gut gekühlte Masse mit dem Mixer schaumig aufschlagen, in Gläser füllen und nochmals in den Kühlschrank stellen.
Die Himbeeren mit dem Rosenmus mischen (Likör einrühren) und auf die Schokoladenmasse geben.
Je eine Kugel Eis darauf setzen und mit Raspelschokolade, Blüten oder Blättern aus Schokolade (siehe Rezept Seite 48) garnieren.

## Rosenblüten-Milch-Creme

**ca. 5 Portionen:**

| |
|---|
| ½ l Milch |
| 1 Vanillestange |
| 4 Eigelb |
| 100 g Rosenblütenzucker (s. Seite 37) |
| (aus frischen Blüten) |
| 7 Blatt Gelantine |
| ½ l geschlagene Sahne |
| Eiswürfel |

Die Gelantine in kaltem Wasser einweichen und gut ausdrücken.

Eigelb und Zucker mit einem Schneebesen verrühren, bis der Zucker sich gelöst hat.

Die Milch mit der ausgekratzen Vanilleschote und dem Mark auf den Herd stellen und aufkochen.

Die heiße Milch mit einer Schöpfkelle langsam und unter ständigem Rühren zur Eiermasse geben. Nicht zu schnell eingießen, sonst gerinnt das Ei!

Die Masse in den Milchtopf zurückgeben und vorsichtig erwärmen, dabei ständig mit einem Kochlöffel umrühren. Die Masse sollte leicht andicken, sie darf auf keinen Fall kochen.

Den Topf vom Herd nehmen und die ausgedrückte Gelantine hineingeben und gut verrühren, bis sie sich vollständig gelöst hat. Die Masse durch ein Sieb in eine Schüssel gießen, um eventuelle Klümpchen zu entfernen.

In eine größere Schüssel kaltes Wasser und Eiswürfel geben. Die Schüssel mit der Masse hineinstellen und auf Eis solange rühren, bis sie gut kalt ist. Sie sollte aber noch nicht zu kalt und zu fest sein, sonst lässt sich die Sahne nicht mehr unterheben.

In die Masse die geschlagene Sahne unterheben und vorsichtig verrühren, bis sich eine homogene Masse gebildet hat. Diese sofort in Förmchen (zum Stürzen) oder Dessertschalen gießen, kurz aufklopfen, um Luftblasen zu entfernen und kalt stellen.

Ist die Creme fest geworden, kann sie auf einen Teller gestürzt und mit Früchten oder Rosenmus verfeinert werden.

**Tipp 1:**
Neben der gestürzten Creme einen großen Tupfen Rosenblüten-Himbeer-Mus geben und mit Blüten garnieren.

**Tipp 2:**
Himbeeren mit etwas Wasser aufkochen, durch ein Sieb streichen, mit Zucker und Zitronensaft abschmecken.
Die Himbeersoße auf den Teller gießen und die Creme darauf stürzen.

**Tipp 3:**
Die Creme in den Dessertschalen lassen und so mit den unterschiedlichen Zutaten verfeinern.

## Rosenblüten-Grieß-Pudding mit Früchten

**5 Portionen:**

| |
|---|
| *100 g Weichweizengrieß* |
| *1 l Milch* |
| *50 g Butter* |
| *ca. 100 g Rosenzucker (aus frischen Blüten)* |
| *1 Prise Salz* |
| *500 g Erdbeeren* |
| *Zitronensaft • Zucker* |
| *geschlagene Sahne zum Verzieren* |

Die Milch mit der Butter aufkochen, Grieß und Salz mit dem Schneebesen einrühren.

Die Masse unter ständigem Rühren solange köcheln lassen, bis der Grieß weich geworden ist.

Den Pudding vom Herd nehmen und den Zucker hinzugeben und gut verrühren, die Menge richtet sich nach dem eigenem Geschmack.

Die Masse in kalt ausgespülte Dessertschalen oder Förmchen geben und erkalten lassen.

Die Erdbeeren waschen, abtropfen lassen, Grünes abschneiden und je nach Größe vierteln oder halbieren. Die Früchte mit dem Zucker und dem Zitronensaft marinieren und kurz durchziehen lassen.

Den Pudding aus der Form stürzen und auf einen Teller geben.

Die Erdbeeren um den Pudding verteilen und mit Sahne verzieren.

Anstelle der Erdbeeren eignen sich auch Himbeeren, Brombeeren, Heidelbeeren und am besten sind frische Walderdbeeren.

**Tipp: Walderdbeeren niemals erhitzen, sonst verlieren sie ihr feines Aroma.**

## Rosenblüten-Pudding

**4 Portionen:**

| |
|---|
| *500 ml Milch* |
| *2 EL Rosenzucker (s. Seite* |
| *1 Päckchen Vanillepudding oder* |
| *Vanillesahnepudding* |
| *1 handvoll dunkler Rosenblüten* |

In der Hälfte der Milch die vorbereiteten Blüten für 1 bis 2 Stunden einweichen und anschließend mixen.

Die restliche Milch erhitzen.

Den Zucker und das Puddingpulver mit der Rosenmilch vermischen und in die kochende Milch einrühren. Kurz aufkochen lassen und in Gläser abfüllen.

Kalt stellen und vor dem Servieren mit Blüten garnieren.

## Rosenblüten-Quark-Dessert

**5 Portionen:**

| |
|---|
| *150 g Naturjoghurt* |
| *200 g Quark* |
| *200 g Sahne* |
| *4 EL Rosengelee oder Rosenzucker* |
| *1 P. Vanillezucker* |
| *500 g Erdbeeren* |

Die Sahne mit dem Vanillezucker steif schlagen.

Das Gelee leicht erwärmen und mit dem Joghurt und dem Quark mischen.

Wird Rosenzucker anstelle von Gelee verwendet, muss dieser gut verrührt werden, bis er sich gelöst hat.

Erdbeeren waschen und je nach Größe halbieren oder vierteln.

Sahne und Früchte vorsichtig unter die Masse heben.

Mit Blüten und Früchten garnieren.

## Rosentraum-Schaum

**ca. 4 kleine Gläser:**

300 ml Sahne

2 EL Rosenblütengelee oder Rosenzucker

1 kleines Stück Zitronenschale ungespritzt

¼ Stück Vanilleschote auskratzen (Mark und leere Schote) in die Sahne geben

1 Prise Salz

5 geputzte Rosenblüten ohne weiße Spitze

1 Blatt Gelantine

Gelantine in kaltem Wasser einweichen und ausdrücken. Die Zutaten in einen Topf geben und ca. 5 Min. bei niedriger Hitze leicht ziehen lassen, Zitronenschale und Vanillestange entfernen, Blütenblätter in der Masse pürieren und die vorbereitete Gelantine einrühren.

Die Masse in den Kühlschrank geben und auskühlen lassen, danach mit dem Mixer zu einer stabilen Masse schlagen. In die Gläser etwas Rosenmus oder Früchte geben, den Schaum eingießen und mit Blüten dekorieren.

## Rosenblüten-Joghurt-Drink

**5 Portionen:**

500 g Naturjoghurt

5 große Rosenblüten, ohne weiße Spitzen

etwas Zitronensaft

Milch nach Bedarf, wenn die Masse zu dickflüssig ist

Süßungsmittel: Rosengelee, Rosen-Himbeer-Mus, Rosenzucker oder milder Honig; die Menge richtet sich nach dem persönlichen Geschmack

Alle Zutaten in den Mixer geben und pürieren. Den Drink einige Zeit in den Kühlschrank stellen.

Ein schönes Glas, mit dem Rand etwas in Wasser tauchen und dann in Rosenzucker.

Den Drink vorsichtig in das verzierte Glas schütten, so dass der Zuckerrand nicht beschädigt wird.

Dies ist ein leichtes und schnell herzustellendes Rosendessert für heiße Sommertage.

## Rosenblüten-Joghurt-Creme

**5 Portionen:**

200 g Joghurt • 40 g Rosenzucker

jeweils Saft von ½ Zitrone und Orange

200 g geschlagene Sahne

2 Blatt Gelantine

1 handvoll Blütenblätter ohne weiße

Spitzen

Die Gelantine in kaltem Wasser einweichen und gut ausdrücken.

Mit dem Orangensaft vermischen und leicht erwärmen, bis sie sich löst.

Joghurt, Zucker, Zitronensaft gut vermischen, bis der Zucker gelöst ist. Die Blütenblätter zur Masse geben und leicht mit dem Zauberstab pürieren, sie sollten nicht zu fein sein.

Die warme Gelantine langsam und tröpfchenweise in die Masse rühren.

Die geschlagene Sahne vorsichtig unterheben und alles in Gläser oder kleine Schüsseln abfüllen und kalt stellen.

Vor dem Servieren mit Blüten dekorieren.

## Rosen-Wolken-Shake

**4 Portionen:**

100 g Himbeeren

1 handvoll rote Rosenblätter

500 ml Milch

100 g Naturjoghurt

ca. 4 EL Rosenblütenzucker aus

frischen Blüten (s. Seite 37)

Alle Zutaten mit dem Mixer gut zerkleinern und in hohe Gläser füllen.

## „Seelentröster gegen Liebes-kummer"

*heiße Milch*

*Rosenzucker aus frischen Blüten*

*gemahlenen Zimt nach Geschmack*

Die Milch erwärmen und mit dem Zucker und evtl. Zimt aromatisieren.

Dieses Getränk macht ruhig und erinnert an schöne, warme Sommertage.

Es tröstet die Seele bei aller Art von Welt-schmerz.

## Rosensahne

Sahne mit Rosenzucker aus frischen Rosen verschlagen und wie gewohnt verwenden.

## Rosenbutter

*100 g weiche Butter*

*5 EL gehackte dunkle Blüten ohne weiße Spitzen (Rose de Resht, Reine de Violette, Cardinal de Richelieu)*

Butter und Blüten mischen und in Formen füllen, zur Rolle formen oder mit der Tülle spritzen

1 bis 2 Tage im Kühlschrank ruhen lassen

## Blüten-Eiswürfel

Einige Blütenblätter pro Würfelfach geben und mit Wasser auffüllen.

Die Eiswürfelform einfrieren.

Möchte man die Eiswürfel zum Kühlen von Früchtebowlen verwenden, so werden Him-beeren und Blüten zusammen eingefroren.

## Erfrischendes Rosen-Granita

**4 Gläser à 5 cl:**

*25 ml Rosenblütensirup*

*75 ml Wasser*

*20 g Blütenmus*

Alle Zutaten miteinander mischen und in die Gefriertruhe stellen.

Immer wieder mit einer Gabel umrühren, bis die Masse zu großen Eiskristallen gefroren ist (ca. 3 Stunden).

Das Halbgefrorene in schöne kleine Gläser füllen und mit Rosenblüten oder einem Minzeblatt dekorieren und sofort servieren.

Das Rosen-Granita eignet sich gut als Zwischengang oder als Abschluss eines mehrgängigen Menüs.

## Rosenplätzchen

*150 g Butter*

*120 g Rosenzucker aus frischen Blüten*

*(s. Seite 37)*

*1 Ei*

*1 Esslöffel getrocknete und gemixte Rosenblüten*

*170 g Mehl*

*1 TL Backpulver*

Aus den Zutaten ein Teig herstellen, eine Stunde an einem kühlen Ort ruhen lassen.

Den Teig auswellen und ausstechen. Hier ist die Phantasie gefragt. Sehr attraktiv sehen Blütenformen aus.

Im vorgeheizten Ofen bei ca. 180 ° C für ca. 10 Min. backen.

## Mandelplätzchen mit Rosenzucker

250 g Mehl

250 g Butter

250 g gemahlene Mandeln

150 g Rosenzucker aus frischen Blüten

1 Ei

1 Prise Salz

1-2 EL Rosenzucker aus frischen Blüten
mit dem Mixer fein mahlen

Alle Zutaten zu einem glatten Teig verkneten, 30 Minuten kalt stellen.

Den Backofen auf 180 °C vorheizen.

Den Teig zu einer ca. 3 cm dicken Rolle formen und Scheiben von ½ cm abschneiden.

Die Scheiben zu Kugeln formen und mit einer Gabel leicht drücken, so dass sich ein Wellenmuster ergibt.

Diese auf ein Backblech geben und bei ca. 160° C ca. 8 Min. backen.

Die Plätzchen leicht abkühlen lassen und im gemahlenen Rosenzucker wenden.

## Dornröschen-Türmchen

280 g Butter

80 g zu Puderzucker fein gemahlenen
Rosenzucker

360 g Mehl

1 Prise Salz

Rosen-Mus ohne Früchte zum Füllen
(siehe Rezept Seite 34)

Aus den Zutaten einen Mürbteig herstellen und für 2 Stunden in den Kühlschrank geben.

Den Teig ausrollen und Plätzchen der gleichen Form, aber von unterschiedlicher Größe (mind. 3 Größen) herstellen. Diese bei ca. 170° C für ca. 8 Min. goldgelb backen.

In der Zwischenzeit das Rosen-Mus mit etwas Wasser oder Likör erhitzen und glattrühren. Die Plätzchen damit bestreichen und aufeinandersetzen.

Auskühlen lassen und mit feinem Rosenzucker bestreuen. In Blechdosen aufbewahren.

## Lavendelsterne

**ca. 80 Stück:**

150 g Butter

150 g Zucker

1 Ei

300 g Mehl

1 TL Backpulver

Prise Salz

1 EL getrocknete Blüten

1 Päckchen Vanillezucker und 3 EL Zucker

mischen

Die getrockneten Blüten mit dem Zucker fein vermahlen.

Alle Zutaten zusammenkneten und für eine halbe Stunde kalt stellen.

Den Teig ausrollen und Sterne oder andere Formen ausstechen.

Die Plätzchen auf ein mit Backpapier belegtes Blech legen und bei 170° C für ca. 8 Min. backen, bis diese goldgelb geworden sind.

Die noch warmen Plätzchen im Vanillezucker wenden und erkalten lassen.

## Blätter aus Schokolade

Kuvertüre nach Geschmack (Vollmilch-

oder Bitterkuvertüre)

Große, feste Blätter des Rosenstrauches

(nicht die Blütenblätter)

Die Kuvertüre im Wasserbad unter ständigem Rühren schmelzen lassen. Die Schokolade darf nicht wärmer als 32° C werden. Nacheinander die Blätter durch die Kuvertüre ziehen. Man fasst sie am Stiel und zieht sie über die Oberfläche der Schokolade. Etwas abstreifen, damit nicht zuviel von der Kuvertüre hängen bleibt, auf Pergamentpapier legen und fest werden lassen. Ist die Schokolade erstarrt, zieht man das frische Blatt ab.

Möchte man gebogene Blätter, so legt man diese über ein Nudelholz und lässt sie erstarren.

In einer Dose aufbewahrt bleiben sie längere Zeit haltbar. Es muss sehr sauber gearbeitet werden. Die Schokolade sollte nicht auf die Rückseite der Blätter gelangen, sonst lassen sich diese schlecht abziehen.

## Rosenblüten-Kugeln

**ca. 35 Stück:**

*40 g Blüten • 50 g milden Honig*

*80 g Marzipan • 30 g feines Dinkelmehl*

*20 g gemahlene Mandeln*

*20 g gehackte Mandeln*

*20 g gemahlene Haselnüsse*

*40 g geraspelte Zartbitterschokolade*

*getrocknete und fein zerkleinerte Blüten*

Die Rosenblüten für 1 Woche in Rosenblüten-likör einlegen. Blüten abseihen, Honig dazu-geben und mit dem Handmixer verrühren. Nacheinander die Zutaten unterrühren, bis sich eine homogene Masse gebildet hat.
Den Teig, in einer Plastikbox mit Deckel für 24 Stunden in den Kühlschrank geben.
Am nächsten Tag aus der Masse eine Rolle formen, Scheiben abschneiden und diese zu gleichgroßen Kugeln formen. Wer möchte kann sie noch in getrockneten Blüten wälzen. Kugeln auf ein Blech mit Backpapier legen und an einem luftigen Ort trocknen lassen.

## Rosen-Trüffel

*100 g weiße Schokolade*

*80 g Butter*

*2 EL Rosensaft (s. Seite 32)*

*2 EL Rosenlikör (s. Seite 31)*

*3 EL fein gehackte Blütenblätter*

Die Schokolade in Stücke brechen und in einer Schüssel im Wasserbad schmelzen lassen.
Die warme Butter mit der Schokolade, dem Saft und dem Likör gut vermischen und im Kühlschrank erkalten lassen.
Mit einem Löffel von der Masse gleichgroße Stücke abstechen und zu Kugeln formen.
Diese in den fein gehackten Blüten wälzen und wieder kalt stellen. Besonders dekorativ sieht es aus, wenn man verschiedenfarbige Trüffel herstellt.
Rosentrüffel sind nicht sehr lange haltbar und sollten alsbald verbraucht werden.

## Rosen-Herz-Kuchen

*100 g Butter*

*100 g Zwiebackbrösel*

*1 TL Zitronenzucker*

Die Butter in einem Topf bei kleiner Flamme zerlaufen lassen.

Den Zwieback in einen Frischhaltebeutel geben und mit dem Nudelholz zu Brösel zerkleinern.

Zucker und Zwieback mit der Butter mischen.

Die Masse in eine Springform geben und mit einem Löffel zu einem Boden andrücken und kalt stellen.

*100 g Blüten*

*150 g Erdbeeren*

*250 g Frischkäse*

*150 g Rosenzucker (s. Seite 37)*

*200 g Sahne steif schlagen.*

Die Zutaten im Mixer zerkleinern.

6 Blatt Gelantine in kaltem Wasser einweichen, ausdrücken und in einem Topf bei kleiner Flamme auflösen.

Die flüssige Gelantine vorsichtig in die Käsemasse einrühren und anschließend die geschlagene Sahne unterheben.

Die Masse in die Form füllen und kalt stellen.

*300 g Sahne*

*1 Pck. Sahnesteif*

*1 TL Zucker*

Die Sahne mit dem Sahnesteif und dem Zucker steif schlagen.

Den Springformrand entfernen und die Sahne auf dem Kuchen verteilen.

## Rosen-Beeren-Kuchen

1 Kuchen (Springform 28 cm)

75 g weiche Butter • 75 g Zucker

1 EL Vanillezucker • 2 Eier

150 g Mehl • 1 TL Backpulver

1 Prise Salz • 4 EL Milch

Butter und Zucker schaumig rühren, die Eier nacheinander dazu geben und gut verrühren. Mehl, Backpulver, Salz vermischen und abwechselnd mit der Milch unter die Masse ziehen.

Den Teig in eine gefettete Springform geben und im vorgeheizten Backofen bei ca. 170°C backen.

**Quarkmasse**

125 g Quark

4 EL Rosen-Himbeer-Mus

(oder 5 EL Rosenzucker)

200 g Sahne

2 Blatt Gelantine

Früchte: Erdbeeren oder Himbeeren

Die Gelantine in kaltes Wasser einweichen, leicht ausdrücken und erwärmen, bis sie geschmolzen ist.

Die Sahne mit 1 EL Mus (oder 2 EL Zucker steif schlagen).

Den Quark mit 3 EL Mus (oder 3 EL Zucker verrühren). Die gelöste Gelantine löffelweise in den Quark einrühren. Die Hälfte der geschlagenen Sahne vorsichtig unter den Quark heben.

Die Quarkmasse auf den Boden streichen und mit den gewaschenen Früchten belegen.

**Tortenguss**

1 Päckchen Tortenguss

2 EL Rosengelee oder Rosenzucker

¼ l Wasser

Gelee in warmen Wasser auflösen und den Guss einrühren, kurz aufkochen. Leicht abkühlen und auf den Früchten verteilen.

Verwendet man Rosenzucker, so stellt man den Guss laut Packungsbeilage her.

Mit der restlichen Rosensahne verziert man den Kuchen.

## Apfeltarte mit Rosengelee

**Boden**

250 g Mehl • 125 g Butter

60 g Zucker • 1 Ei

1 Messerspitze Backpulver • 1 Prise Salz

Aus den Zutaten einen Mürbeteig herstellen. Und in eine gebutterte Ø 28 cm Springform geben. 4-5 Äpfel schälen, in Spalten scheiden und mit Zitronensaft beträufeln.
Die Äpfel fächerförmig auf den Teig legen.

**Guss**

200 g Schmand

4 EL Sahne zum Glattrühren

30 g Rosenzucker (s. Seite 37)

1 Pck. Vanillezucker • 2 Eier

Die Zutaten miteinander vermischen und auf die Äpfel geben. Einige rote Rosenblätter in den Guss drücken.
Den Kuchen bei ca. 170° C für ca. 40 Min backen. Rosengelee mit etwas Rosenlikör oder Wasser anrühren, erwärmen und auf den fertigen und abgekühlten Kuchen streichen.

## Rosen-Rahmkuchen mit Blütenmus

**Boden**

250 g Kekse ( Schoko-Nuss-Kekse oder Amarettini)

150 g weiche Butter

Die Kekse fein zerbröseln und mit der weichen Butter verkneten.
Eine Kuchenform (Ø 26 cm) mit Backpapier auslegen.
Buttermasse hineindrücken und eine Rand von 2 cm stehen lassen.

**Belag**

6 Blatt weiße Gelantine

300 ml Sahne

6 EL Rosenzucker aus frischen Blüten

350 g Crème fraîche

ca. 150 g Rosen-Himbeer-Mus (s. Seite 34)

Die Gelantine in kaltem Wasser einweichen und gut ausdrücken. Die Sahne mit 3 EL Zucker steif schlagen. Die Crème frâiche mit 3 EL Zucker verrühren.

Die Gelantine in wenig Wasser leicht erwärmen, bis sie sich gelöst hat, dann in die Crème frâiche langsam einrühren. Anschließend die Sahne mit dem Schneebesen locker unterheben. .

Das Rosen-Himbeer-Mus auf den Kuchenboden streichen und mit der Sahnemasse bedecken. Etwas von dem Rosenmus aufheben und kleine Tupfen oben auf die Crememasse geben. Diese mit einem Holzspieß locker verrühren, so dass sich ein schönes Muster ergibt.

Den Kuchen ca. 3 Stunden in den Kühlschrank stellen.

## Rosen-Herz-Lutscher

*rosafarbene oder weiße Bonbons je nach Wunschfarbe*

*Zahnstocher*

*getrocknete und gemahlenen Rosenblüten*

Die Bonbons in einen festen Plastikbeutel geben und mit dem Fleischklopfer zerkleinern, anschließend in einer Mühle ganz fein mahlen (wie Puderzucker).

Ein Herz (Plätzchenform als Vorlage) auf einen festen Karton zeichnen und ausschneiden.

Die Plätzchenform in das ausgeschnittene Herz stecken. Diese Vorrichtung dient als Negativvorlage für die Lutscher.

Ein Backblech mit Backpapier auslegen und den Backofen auf 250° C vorheizen.

Jeweils 1 TL Bonbonpulver wird mit Hilfe eines kleinen Siebes in das Herz gestreut und mit gemahlenen Rosenblüten dekoriert. Den Karton vorsichtig anheben, das restliche Pulver zurückgeben. Der Karton ist Halterung und Schutz, damit kein Pulver daneben fällt. Nur jeweils 4 bis 5 Herzen auf einmal fertigen. Die Zahnstocher in die Herzen stecken und auf der obersten Schiene kurz backen, bis das Pulver zerlaufen ist. Sollten sich die Herzen etwas verzogen haben oder die Zahnstocher verrutscht sein, so kann dies noch korrigiert werden, solange die Masse warm ist.

Die fertigen Lutscher mit dem Backpapier auf eine kühle Unterlage legen. Das Backblech erneut mt Backpapier auslegen und weitere Herzen fertigen. Ist das Blech einmal warm lassen sich die Herzen leichter herstellen, weil das Pulver beim Einschieben in den Ofen nicht mehr verrutscht.

## Rosenblüten-Parfait

**8 Port. bei Espressotassen**

*1 Ei • 3 Eigelb Größe M*

*50 g Rosenzucker aus frischen Blüten*

*10 g Vanillezucker*

*200 g geschlagene Sahne*

*20 g Rosenmus*

*2 TL Rosenblütenlikör*

*1 TL Rosenwasser (in gut sortierten Läden erhältlich)*

*2 dunkle Blüten ohne weiße Spitzen, in feine Streifen schneiden*

Eier und Zucker mit einem Schneebesen im Wasserbad schlagen, bis die Masse die Konsistenz von fester Majonäse hat, sie darf dabei aber nicht gerinnen oder zu Rührei werden. Danach sofort die Rührschüssel in kaltes Wasser geben und leicht weiterrühren.

Likör, Rosenwasser und die geschnittenen Blüten in die abgekühlte Masse geben. Nach dem vollständigen Erkalten die geschlagene Sahne vorsichtig unterheben und abfüllen. Als Formen eignen sich Espressotassen, Joghurtbecher, Silikonformen oder eine Kastenkuchenform. Nachdem die Masse gut durchgefroren ist kann sie aus den Formen gestürzt werden, indem man diese kurz in heißes Wasser taucht. Bei der Kuchenform werden einzelne Portionsscheiben abgeschnitten. Zum Garnieren eignet sich süße Rosensoße, Vanillesoße oder frisches Obst wie Himbeeren oder Erdbeeren. Der Fantasie sind dabei aber keine Grenzen gesetzt.

## Rosenblüten-Eis für die Eismaschine

*2 EL Zucker aus frischen Blüten mit 2-4 EL*

*Wasser kurz aufkochen und erkalten*

*lassen*

*80 g Rosenblütengelee*

*2 TL Rosenblütenlikör*

*1 TL Rosenwasser*

*200 g Sahne*

*100 g milder Naturjoghurt*

*3 fein geschnittene dunkle Rosenblüten*

*ohne weiße Spitzen*

Die Sahne leicht schlagen; das Gelee mit dem Zuckerwasser glatt rühren.

Alle Zutaten gut vermengen, in die Eismaschine füllen und einschalten.

Nach ca. 5 Min. die geschnittenen Blüten da-zugeben. Die Gefrierdauer hängt vom Maschinentyp ab.

Das Eis kann wie das Parfait garniert werden.

> **Tipp:**
> Je kälter eine Speise ist, desto mehr Aroma muss diese haben, denn unser Geschmackssinn wird mit zunehmender Kälte unempfindlicher. Deshalb verwende ich bei Eis auch Rosenwasser, dessen Aromen sich beim Essen schnell verflüchtigen und in die Nase gelangen. Wir riechen unser Essen, unsere Geschmacksknospen auf der Zunge nehmen nur die fünf wichtigsten Geschmacksrichtungen wahr ( süß, salzig, sauer, bitter, umami).

# Rote Hagebuttenrezepte

# Hagebuttenmarmelade

**Vorbereitung:**

Die besten Früchte sind die großen, fleischigen Hagebutten der Kartoffelrose. Es können aber genauso gut die der wilden Rosen verwendet werden. Bei ihnen ist die Ausbeute aber nicht so ergiebig, da sie weniger Fruchtfleisch haben.

Ich entferne nur den Stiel und unten die Kelchblätter und wasche sie gründlich.

Die Früchte halbiere ich und lasse sie mit wenig Wasser im Topf weich dünsten.

Die Kerne und die feinen Haare braucht man nicht entfernen.

Die weichen Früchte passiere ich durch meine „Flotte Lotte" (Passierschüssel mit feinem Einsatz), dabei bleiben die haarigen Reste im Sieb.

*500 g passiertes Hagebuttenmus*
*500 g Gelierzucker 1:1 (Von mir bevorzugt, da er keine Konservierungsstoffe enthält, es eignet sich aber genauso gut jeder andere. Das Mischungsverhältnis muss dem jeweiligen Zucker angepasst werden).*

Ist das Mus zu trocken, füge ich noch etwas Wasser hinzu, damit die Masse nicht anbrennt.

Die Gläser und Deckel heiß ausspülen.

Mus mit dem Gelierzucker gut verrühren und nach Packungsanleitung aufkochen.

Die Marmelade heiß in Schraubgläser füllen, gut verschließen, sofort umdrehen und erkalten lassen.

## Kürbissuppe mit Hagebutten

**ca. 6 Portionen:**

| |
|---|
| *ca. 500 g Kürbisfleisch (Hokkaidokürbis)* |
| *1 Zwiebeln* |
| *1 Knoblauchzehen* |
| *Salz • Pfeffer • Öl zum Braten* |
| *ca. 2 l Wasser* |
| *0,3 l Milch* |
| *Kürbiskernöl* |

Ca. 30 Hagebutten, sie sollten noch hart sein. Die Hagebutten putzen (Stiel und Blütenkelch entfernen), halbieren, die Kerne auskratzen und gut waschen.
In Salzwasser leicht andünsten, bis sie weicher geworden sind, anschließend abseihen.
Den Kürbis putzen und in Würfel schneiden, zusammen mit den Zwiebelwürfeln und dem Knoblauch in Öl anschwitzen und würzen. Die Masse mit Wasser und der Milch aufgießen und kochen lassen, bis die Würfel weich sind. Die Suppe dann pürieren und eventuell noch verdünnen.

Die Suppe in Teller geben, das Öl vorsichtig eingießen mit einem Holzspieß Linien ziehen und mit den Hagebutten bestreuen.

**Tipp:**
**Hokkaidokürbisse brauchen nicht geschält zu werden. Die Schale wird beim Kochen weich.**

## Gefüllte Buchteln mit Hagebutten und Marzipan

**14 Stück:**
**Hefeteig**

*300 g gesiebtes Mehl*

*60 g weiche Butter*

*50 g Zucker*

*1 Ei (zimmerwarm)*

*½ Würfel Hefe*

*ca. 200 ml warme Milch*

*1 Prise Salz*

Das Mehl in eine Schüssel geben und eine kleine Vertiefung machen.

Die Hefe und einen Teelöffel Zucker in die Mulde geben, mit 2 Esslöffel warmer Milch angießen und leicht mischen. Das Salz an den Rand des Mehles streuen, es sollte nicht in die Hefe gelangen. Die Schüssel abgedeckt an einen warmen Ort stellen und warten bis sich große Blasen bilden.

Weiche Butter, Zucker, Ei, warme Milch zum Mehl geben und mit dem Knethacken gut schlagen. Sollte der Teig zu fest sein, so gibt man nochmals etwas Milch dazu.

Der fertige Teig sollte weich, schön glatt sein und sich leicht vom Schüsselrand lösen.

**Füllung**

Feste Hagebutten der wilden Rosen putzen, halbieren, Kerne entfernen und gründlich waschen.

*ca. 120 g Hagebutten mit ca. 40 g Butter in einer Pfanne leicht anschwitzen*

*evtl. mit etwas Wasser angießen, damit sie nicht anbrennen*

Einen Teil verwendet man für die Füllung, den anderen für die Garnitur.

*50 g Marzipan in 14 Stücke schneiden*

*14 Stück Würfelzucker*

*ca. 2 EL Butter für die Reine*

*Vanillesoße für 500 ml Milch nach*

*Packungsanleitung zubereiten*

Den Teig auf der bemehlten Arbeitsfläche zu einer Rolle formen und 14 gleichgroße Stücke abschneiden. Diese zu Kugeln formen und jeweils mit Hagebutten, Marzipan und einem Zuckerstück füllen, zusammendrehen und in eine mit reichlich flüssiger Butter gefüllten warmen Reine setzen.

Nochmals zugedeckt an einem warmen Ort gehen lassen, bis sie sich verdoppelt haben.

Den Backofen auf ca. 170° C vorheizen und die Reine hineingeben.

Die Buchteln sind fertig, wenn sie schön braun sind.

Auf einem erwärmten Teller gibt man die heiße Vanillesoße und setzt darauf die Buchteln.

Garniert wird der Teller mit den restlichen Hagebutten und Puderzucker.

## „Dreckige" Fingernudel mit Hagebutten und Äpfel

**ca. 5 Portionen:**
**Fingernudeln**

| |
|---|
| 250 g Mehl |
| 1 Ei |
| 2-3 EL lauwarmes Wasser |
| 1 EL Öl |
| 1 Prise Salz |
| Topf mit kochendem Wasser |

Das Mehl auf die Arbeitsfläche sieben und eine kleine Vertiefung machen.

In diese die anderen Zutaten geben und langsam mit dem Mehl von der Mitte aus vermischen. Den Teig gut kneten, bis er geschmeidig und weich ist.

An einem warmen Ort, abgedeckt ca. 30 Min. ruhen lassen.

Aus dem Teig Rollen mit dem Durchmesser eines 50 Cent Stückes formen. Davon ca. 2 cm lange Stücke abschneiden und zwischen den Händen zu fingerlangen Nudeln formen.

Die Fingernudeln in kochendes Wasser einlegen und leicht köcheln lassen, bis sie an der Oberfläche schwimmen. Abschöpfen und in einer Schüssel mit kaltem Wasser abschrecken und abseihen.

**Hagebutten**

Für dieses Gericht sind die Früchte der wilden Rosen sehr gut geeignet.

Man braucht die noch etwas festeren Hagebutten, sie sollten noch nicht durch den Frost weich geworden sein.

Stiel und Blüte von den Früchten abschneiden, halbieren und die Kerne auskratzen.

Anschließend die Hälften gut waschen, damit auch alle kleinen Haare entfernt sind. Diese würden im Hals kratzen.

| |
|---|
| 1 großes Stück Butter |
| 300 ml Sahne |
| 300 ml Milch |
| ca. 5 TL milder Honig |
| 1 große handvoll Hagebutten |

*5 säuerliche, rotbackige Äpfel mit Schale in feine Stifte gehobelt*

*Zitronensaft*

*Zimt • 1-2 EL Zucker*

*Puderzucker*

Butter in der Pfanne zerlaufen lassen, Nudeln dazugeben und hellbraun anbraten.

Mit der Hälfte von der Milch und der Sahne aufgießen, Honig dazugeben und einreduzieren lassen. Die restliche Milch und Sahne wieder aufgießen und wieder reduzieren lassen. Die Fingernudeln sollten sich gut mit der Flüssigkeit ansaugen und eine schöne braune Farbe bekommen.
Sie dürfen aber nicht zu trocken werden.

In einer zweiten Pfanne Butter zerlaufen lassen und darin kurz die gereinigten Hagebutten anschwitzen. Zucker darüber streuen und leicht karamellisieren.

Die gehobelten Äpfel mit Zitronensaft beträufeln und auf gewärmte Teller verteilen.
Die Fingernudeln darauf legen und die Hagebutten dazugeben. Alles mit Zimt und Puderzucker bestreuen.
Dieses Gericht kann sowohl als Hauptspeise, als auch als Dessert serviert werden.

*Variation für Dessert*
Die Menge an Nudeln wird dementsprechend verringert.
Man serviert sie zusammen mit einer Kugel Vanille-, Walnuss- oder Mandeleis.
Gut schmeckt auch Vanillesoße dazu.

*Zweite Möglichkeit der Zubereitung*
Die Äpfel nicht in feine Stifte hobeln, sondern in Spalten schneiden.
Diese zu den fast fertigen Fingernudeln geben und mitdünsten, bis sie weich sind, aber nicht matschig. Mit Zimt-Zucker bestreuen und mit den Hagebutten servieren.

Die Kerngehäuse der Äpfel ausstechen.

In die Unterseite des Apfels einen Würfelzucker stecken.

Den Apfel umdrehen und mit dem Marzipan und den Hagebutten füllen und mit dem zweiten Würfelzucker verschließen.

Die Äpfel in einen Topf stellen, der so gewählt werden sollte, dass die Äpfel bequem hineinpassen, ohne umzufallen.

Den Boden mit Saft bedecken und zugedeckt bei mittlerer Hitze am Herd dünsten lassen.

Die fertigen Äpfel sollten weich sein, aber nicht zerfallen.

Vanillesoße nach Packungsanleitung zubereiten und als Soßenspiegel auf einen warmen Teller gießen.

Einen Apfel darauf geben und mit Hagebutten und Schokospänen oder Zimt-Zucker garnieren.

## Gedünsteter „Rosenapfel" mit Hagebutten

*kleine säuerliche Äpfel*
*pro Apfel :*
*2 Stück Würfelzucker • 1 kleines Stück*
*Marzipan • 1 TL karamellisierte*
*Hagebutten*
*Apfelsaft*
*Vanillesoße*
*Schokospäne • Zimt-Zucker*

### Karamellisierte Hagebutten pro Portion
*40 g geputzte, halbierte, ausgekratzte und*
*gewaschene Hagebutten*
*15 g Butter • 1 EL brauner Zucker*
*etwas Apfelsaft*

Die Hagebutten mit der Butter in einer Pfanne etwas andünsten lassen.

Den Zucker dazugeben, schmelzen lassen und leicht karamellisieren.

Am Ende mit einem Schuss Apfelsaft ablöschen.

Erkalten lassen und stürzen.
Die Kuchen in dünne Scheiden schneiden
(3 Scheiben pro Portion).

*Marmelade von roten Hagebutten*
*2 Becher geschlagene Sahne*

Die Scheiben mit Marmelade und Sahne be-
streichen und schichtweise aufeinander set-
zen.
Die Türmchen auf Teller anrichten und mit
Blütenzucker (aus getrockneten Blüten) und
Hagebutten dekorieren.

> **Tipp:**
> **Sehr gut passt auch Vanillesoße zu die-**
> **sem Dessert. Die Soße nach Packungsan-**
> **leitung herstellen und als Soßenspiegel**
> **auf den Teller geben.**

## *Hagebutten-Schoko-Türmchen*

**ca. 8 Portionen:**
*100 g Bitterschokolade ( 70%)*
*100 g Butter*
*100 g gemahlene Mandeln*
*2 Eier*
*1 EL Mehl*
*½ TL Backpulver*
*100 g Zucker*
*½ TL Lebkuchengewürz*
*Salz*
*Butter zum Einfetten*
*gemahlene Mandeln zum Bestreuen*

Die Schokolade mit der Butter im Wasserbad
schmelzen lassen und vom Herd nehmen.
Alle Zutaten langsam in die flüssige Masse
einrühren.
Kleine Runde Auflaufförmchen mit Butter
bestreichen und mit gemahlenen Mandeln
bestreuen.
Die Masse einfüllen und im vorgeheizten
Ofen bei ca. 160° C, 20 bis 25 Min. backen.

## Hagebutten-Nuss-Berge

**ca. 90 Stück:**

500 g Hagebuttenmus (Herstellung wie
Marmelade, aber ohne Zucker)

500 g Gelierzucker 1:1

je 50 g grob gehackte Walnüsse,
Mandeln und Haselnüsse

Oblaten Ø ca. 40 mm

Alle Zutaten zusammen aufkochen und ca. 4
Min. köcheln, leicht abkühlen lassen und mit
dem Spritzbeutel und einer Lochtülle auf die
Oblaten spritzen.
Die Oblaten sollte man auf Backpapier legen,
da diese gerne an der Unterlage festkleben.

*1. Variante:*

Die Buttenberge auskühlen lassen und für 2
bis 3 Tage an einem kühlen Ort fest werden
lassen.
Wer möchte kann sie danach noch in Schokolade tauchen oder mit einem Backpinsel dünne Schokofäden auftragen. Hierzu braucht
man den Pinsel nur in die flüssige Couvertüre
tauchen und locker über die Berge spritzen.

*2. w:*

Die Buttenberge werden, wenn sie noch warm
sind, mit einer zweiten Oblate abgedeckt und
leicht platt gedrückt. Nach dem Erkalten können sie sofort in Dosen verpackt werden.

## Buttermilch-Hagebutten-Dessert

2 bis 3 EL Hagebuttenmarmelade

0,5 l Buttermilch

Die Zutaten mit dem Zauberstab kräftig aufschlagen und in Dessertschalen abfüllen.

Wer möchte kann noch eine Kugel Walnuss-,
Pflaumen- oder Zimteis hinein geben.

## Vanilleeis mit warmen, karamellisierte Hagebutten

**ca. 5 Portionen:**

Für dieses Rezept sind die Hagebutten der wilden Rosen geeignet. Sie werden wie üblich geputzt, halbiert, von den Kernen befreit und gründlich gewaschen.
Sie sollten noch nicht zu weich sein.

*Vanilleeis • 200 g Hagebutten*
*60 g Butter • 4 EL brauner Zucker*
*etwas Apfelsaft*

Die Hagebutten mit der Butter in einer Pfanne etwas andünsten.
Den Zucker dazugeben, schmelzen lassen und leicht karamellisieren.
Zum Schluss mit einem Schuss Apfelsaft ablöschen.
Das Vanilleeis in eine Dessertschale oder auf einen Teller geben und mit den warmen Hagebutten bestreuen und nach Geschmack mit Sahne oder Zimt-Zucker garnieren.

## Likör von roten Hagebutten

*1 kg Hagebutten*
*500 g Zucker*
*2 Flaschen Korn (0,7l)*

Die Hagebutten putzen (Stiel und Blütenkelch entfernen) und waschen. Man braucht sie nicht halbieren und entkernen, sie können im Ganzen verarbeitet werden.
Die Früchte in ein großes Gefäß geben und mit dem Zucker und dem Alkohol übergießen.
Der Ansatz sollte dunkel und nicht zu warm stehen und mindestens ein halbes Jahr ziehen.
Anschließend abseihen, in schönen Flaschen abfüllen und verwenden.

Schwarze Hagebuttenrezepte

## Marmelade von schwarzen Hagebutten

*ca. 600 g geputzte und gewaschene*
*Hagebutten der Rosa Pimpinellifolia ,*
*sie brauchen nicht halbiert und ausge-*
*kratzt zu sein*

*1/3 Zimtstange*

*3 Nelken*

*etwas Wasser*

Alle Zutaten aufkochen und die Butten weich kochen. Mit der Flotten Lotte passieren.

*500 g passierte Butten*

*500 g Gelierzucker 1:1*

*5 TL Zitronensaft*

Alles gut verrühren, aufkochen und heiß in Schraubgläser abfüllen.

## Mus von schwarzen Hagebutten zu Käse

**5 Portionen:**

Für dieses ungewöhnliche Gericht verwende ich die schwarzen Hagebutten der Rosa Pimpinellifolia.

Die Butten werden wie gewohnt geputzt, halbiert, ausgekratzt und gut gewaschen.

Für das Mus dürfen die Butten weich sein.

*200 g vorbereitete Hagebutten*

*2 EL Zucker • Apfelsaft*

*Zitronensaft • Muskat • Zimt*

Die Hagebutten, Apfelsaft, Zitronensaft und Zucker weich dünsten und nach Geschmack mit Zimt und Muskat würzen.

Alles zusammen mit dem Zauberstab pürieren.

Das Mus wird zu Käse gereicht.

**Tipp: Diese Form der Zubereitung eignet sich auch für andere deftigen Gerichte.**

## Rotweinbirnen mit schwarzen Hagebutten und Frischkäse

**6 Portionen:**

**Rotweinbirnen**

*pro Person eine halbe Birne*

*Rotwein*

Feste Birnen schälen und in gleich große Spalten schneiden
Diese in Rotwein leicht andünsten, sie sollten noch bissfest sein.

**Hagebuttensoße**

*200 g geputzt Hagebutten der Rosa Pimpinellifolia*

*80 g Zucker*

*Zitronensaft*

*etwas Wasser*

*1 Prise Zimt*

*1 Prise Muskat*

Die Hagebutten mit den Zutaten aufkochen und nur grob pürieren.
Die Butten als Soßenspiegel auf einen Teller geben.
Die Birnen darauf anrichten.

**Frischkäsecreme**

*200 g Frischkäse*

*etwas Milch*

*Vollkornbrot*

Den Frischkäse mit der Milch glattrühren und in einen Spritzbeutel mit Sterntülle füllen.
Das Brot in Scheiben schneiden und mit einem Plätzchenform (Stern, Blume etc.) ausstechen.
Den Frischkäse auf das Brot spritzen und mit dem Mus beträufeln.
Birnen und Käsesterne auf einen Teller anrichten.
Restliches Mus in eine kleine Glasschüssel geben und dazustellen.

## Saure schwarze Hagebutte als Salatdressing

| |
| --- |
| 200 g geputzte Hagebutten der Rosa Pimpinellifolia |
| 2 EL brauner Zucker |
| Apfelsaft |
| Balsamicoessig dunkel |
| Zitronensaft |
| 1 Prise Muskat |
| 1 Prise Zimt |

Die Hagebutten halbieren, die Kerne entfernen und waschen.

Die Hagebutten mit Apfelsaft, Balsamico und Zucker weich dünsten und nach Geschmack mit Zimt und Muskat würzen.

Alles zusammen mit dem Zauberstab pürieren, erkalten lassen.

Dieses Dressing passt hervorragend zu dunklen, herben Salatsorten.

## Schokoladenkuchen im Glas

**ca. 15 Portionen:**

| |
| --- |
| 100 g Bitterschokolade ( 70%) |
| 100 g Butter |
| 100 g gemahlene Mandeln |
| 2 Eier |
| 1 EL Mehl |
| ½ TL Backpulver |
| 100 g Zucker |
| ½ TL Lebkuchengewürz |
| Salz |

Die Schokolade mit der Butter im Wasserbad schmelzen lassen und vom Herd nehmen.

Alle Zutaten langsam in die flüssige Masse einrühren.

Gläser: Ich verwende einfache Trinkgläser mit glattem, dickem Rand, Füllmenge ca. 0, 2 l

Die Gläser mit Butter auspinseln (ca. bis zur Höhe von 5 cm) und mit gemahlenen Mandel bestreuen.

Die Masse in einen Spritzbeutel ohne Tülle füllen und in die Gläser spritzen, ca. 2 bis 3 cm hoch. Ich verwende einen Spritzbeutel, damit ich die Masse sauber in die Gläser füllen kann. Kleckert man daneben, so brennt die Masse an und die Gläser sehen nicht mehr appetitlich aus

Die Gläser auf ein Backblech stellen und im vorgeheizten Ofen bei 160° C ungefähr 20 bis 25 Min. backen. Anschließend aus dem Herd nehmen und abkühlen lassen.

### Garnierung

*2 TL Mus von schwarzen Hagebutten mit*
*etwas Rum erwärmen.*

*Mandeleis oder andere Sorten nach*
*Geschmack*

*geschlagene Sahne*

*Schokoraspeln*

Das gelöste Mus auf den Kuchen im Glas streichen.
Das Eis daraufsetzten, mit Sahne und Schokoraspeln garnieren.

## Likör von schwarzen Hagebutten

*500 g Früchte der Rosa Pimpinellifolia*

*250 g brauner Zucker*

*¼ l Rum*

*½ l Korn*

*¼ Stange Zimt (ca. 1 cm)*

*1 Sternanis*

*1 Nelke*

Die Hagebutten putzen (Stiel und Blütenansatz entfernen) und waschen.
Die Früchte für 2 bis 3 Wochen einfrieren.
Die aufgetauten Früchte in ein großes Gefäß geben und mit den Zutaten mischen.
Der Ansatz sollte dunkel und nicht zu warm stehen und mindestens ein halbes Jahr ziehen.
Anschließen abseihen und in schöne Flaschen abfüllen.

## Laurins Rosengarten

Der Garten war ein Wunder
mit seiner Rosenpracht;
sein Rosenduft erfüllte
das Tal bei Tag und Nacht.
Ein ganzer Wald von Rosen,
an Schonzeit wunderbar,
verblühte und erblühte
darin das ganze Jahr.

Viele bunte Falter schwärmten
im Garten hin und her,
sie flatterten und forschten,
welch Röslein schöner wär?
Und um die Rosen tanzten
viel schöne Käferlein,
und schliefen, Süßes träumend,
im Duft der Blumen ein.

Aus immergrünen Büschen
ertönte Vogelsang
gar wonnesam und lieblich
an Ohr und Herz erklang;
und Wasserlein und Quellen,
so rein, so hell und klar,

die murmelten und rauschten
im Garten wunderbar.

Und kam ein müder Wanderer
dem Rosengarten nah,
er wollte nimmer weiter,
so wohl ihm da geschah.

Der duft´ge Wundergarten
war König Laurins Lust;
er brach sich oft ein Röslein
und steckt es an die Brust.
Doch lieb war ihm vor allen
ein Röslein schön und rein,
das hielt er wohl verschlossen
im tiefen Berge drein.

Die Rosen in dem Garten
sind reizend auszusehen!
Die wilden Heckenrosen
sind noch einmal so schön.

Hermann Löns 1866-1914

Kosmetik

## Rosen-Duftöl

*gutes Olivenöl, besser noch Mandel- oder*
*Avocadoöl*

*frische, duftende Rosenblüten*

Die Blüten in ein großes Einweckglas (oder ähnliches, aber kein Metallgefäß) geben und das Öl dazugießen. Die Blüten sollten bedeckt sein.

24 Stunden stehen lassen, die Blüten abseihen, ausdrücken.

Das Glas wieder mit frischen Blüten füllen und mit dem Öl begießen.

Diesen Vorgang mindestens dreimal wiederholen.

Zum Schluss das abgeseihte Öl im Glasgefäß mit einem dünnen Tuch abdecken und im Warmen stehen lassen. Das darin enthaltene Wasser verdunstet und somit kann sich kein Schimmel bilden.

Nach ca. 2 Wochen das duftende Rosenöl in Flaschen füllen und kühl und dunkel lagern. Man sollte es aber nicht allzu lange aufbewahren.

Es versteht sich, dass dieses Öl niemals so stark duftet wie fertig gekauftes.

Um die Duftintensität zu steigern kann man noch einige Tropfen reines ätherisches Rosenöl zugeben.

Das Öl verwende ich als Badeöl für entspannte Stunden.

## ✗ Balsam aus Rosen

*100 ml Rosen-Duftöl (siehe Beschreibung*
*Seite 71) )*
*11 g Bienenwachs*
*10 Tropfen ätherisches Rosenöl*

Das Rosen-Duftöl und Bienenwachs in eine Schüssel geben und diese im Wasserbad langsam auf 65- 70 °C erhitzen (Achtung, die Temperatur muss genau eingehalten werden).
Sofort nachdem sich das Wachs gelöst hat (nicht länger weiter erhitzen), wird der Topf vom Herd genommen und das ätherische Rosenöl eingerührt. Solange verrühren, bis die Spritzer an der Seite der Schüssel fest werden. Anschließend in Gläschen oder kleine Tiegel abfüllen.
Die Gefäße sollten erst nach dem Abkühlen des Balsams verschlossen werden. Um Verunreinigungen währenddessen zum vermeiden, können diese mit einem Tuch abgedeckt werden. Empfehlenswert ist, sie über Nacht stehen zu lassen.

## ✗ Rosen-Himalaya-Badesalz

*500 g Himalayasalz oder Totes Meersalz*
*10 Tropfen ätherisches Rosenöl*
*3 Tropfen ätherisches Vanilleöl*
*2 Tropfen ätherisches Rosengeranienöl*
*ca. 1 große handvoll getrockneter Rosen-*
*blüten*

Alle Zutaten gut mischen und für einige Tage in einem geschlossenen Glasgefäß aufbewahren.
Danach kann man das Salz in kleinere Gläschen abfüllen und schön verzieren.

# ✗ Rosenblüten-Sprudelbad-Praline

**ergibt 15 Stück:**

*130 g Kakaobutter*

*130 g Natron (Natriumbicarbonat)*

*63 g Zitronensäure*

*135 g Maisstärke*

*eine handvoll getrocknete Rosenblüten*

*22 Tropfen ätherisches Rosenöl*

Die Kakaobutter im Wasserbad schmelzen, aber nicht kochen lassen.

Die restlichen Zutaten in einer Schüssel mischen und die Kakaobutter zugießen.

Am Schluss das ätherische Öl zufügen und gut verrühren.

Die flüssige Masse in kleine Silikonformen füllen und erkalten lassen.

Die Pralinen sprudeln leicht im Wasser und machen die Haut butterweich.

Wer keine Blüten im Badewasser haben will, kann die Pralinen in einen kleinen Organzabeutel geben oder die Masse ohne diese herstellen.

Allerdings sehen die getrockneten Blüten in den Pralinen sehr schön aus.

**Anmerkung:**

Die Silikonformen sind im gut sortierten Fachhandel erhältlich und eigentlich für kleine Kuchen gedacht. Es eignen sich auch Formen für Eiswürfel, die in den unterschiedlichsten Modellen erhältlich sind. Diese sind aber kleiner und man erhält hiermit mehr Pralinen.

## Rosenblüten-Badebomben

**ergibt 5 Kugeln à ca. 85 g:**

| |
|---|
| *200 g Natron (Natriumbicarbonat)* |
| *100 g Zitronensäure • 50 g Maisstärke* |
| *75 g flüssige Kakaobutter* |
| *5 g getrocknete und zerkleinerte Rosen-blüten • 30 Tropfen ätherisches Rosenöl* |

Die Kakaobutter im Wasserbad schmelzen, aber nicht kochen lassen. Die trockenen Zutaten mischen und die flüssige Kakaobutter zufügen. Danach erst das ätherische Öl unterrühren. Die Masse hat die Konsistenz wie feuchter Sand. Aus ihr knetet man nun gleichgroße Kugeln. Diese können noch mit dem Rest der flüssigen Kakaobutter, die in der Schüssel verblieben ist runder geformt werden. Wobei man vorsichtig rollen und drücken sollte, da diese am Anfang gerne brechen. Die fertigen Bomben sollen offen für ein bis zwei Tage trocknen. Auf getrockneten Rosenblüten gebettet und in durchsichtigen Tüten verpackt sind sie ein besonderes Geschenk.

## Ägyptisches Königinnenbad mit Rosen, Milch und Honig

**ergibt 10 Portionen:**

| |
|---|
| *50 g flüssiger Bienenhonig* |
| *100 g Maisstärke* |
| *25 Tropfen ätherisches Rosenöl* |
| *100 g feines Himalayasalz* |
| *200 g Milchpulver* |
| *20 g pulverisierte Kakaobutter* |
| *3 g Kieselsäure* |
| *2 handvoll getrocknete Rosenblüten* |

Den Honig mit der Stärke gut mischen, kneten und in der Küchenmaschine fein mahlen.
Die Kakaobutter ebenso fein mit der Maschine mahlen. Alle Zutaten gut vermischen.
Davon jeweils 50 g in große, weiße Teefilter abfüllen und zubinden.
Den Teefilter ins Badewasser geben und sich entspannen. Er verhindert, dass die Blüten im Wasser schwimmen und den Abfluss verstopfen.

## Bademuffins

**ergibt 5 Muffins:**

*110 g Natron (Natriumbicarbonat)*

*55 g Zitronensäurepulver*

*20 g Magermilchpulver*

*10 g Maisstärke • 50 g Kakaobutter*

*25 Tropfen ätherisches Rosenöl*

*ca. 5 Tropfen rote Lebensmittelfarbe*
*(nach Wunsch)*

*Papierförmchen für Muffins*

Die Kakaobutter im Wasserbad schmelzen lassen. Die restlichen Zutaten mischen und mit der geschmolzenen Kakaobutter vermengen.

Das Öl hinzufügen und die Farbe je nach Farbintension untermischen.

Alles gut mit den Händen kneten und in die Papierförmchen drücken.

Damit sie ihre Form behalten, gibt man sie zum Trocknen (2-3 Tage) am besten in eine Muffinsbackform.

Danach können sie mit Blüten verziert in eine Cellophantüte verpackt werden.

## Rosen-Badesahne

*2 EL süße Sahne*

*1 EL flüssiger Honig*

*1 EL Rosen-Duftöl*

*1 EL Rosenwasser*

*5 Tropfen ätherisches Rosenöl*

Alle Zutaten gut miteinander mischen.

Die Badesahne ins warme Wasser geben und den Duft und die Pflege genießen.

Romantiker streuen noch frische, duftende Blüten ins Wasser.

## Aphrodisische Herzen - Badekonfekt für Liebespaare

**ergibt 14 Stück:**

110 g feines Himalayasalz oder Meersalz

22 g Maisstärke • 62 g Kakaobutter

22 g Lysolecithin

Ätherische Öle:

10 Tr. Ylang-Ylangöl • 4 Tr. Lavendelöl

4 Tr. Vetivieröl • 6 Tr. Rosenöl

Silikon-Pralinenform für Herzen

1 EL fein gemahlene und getrocknete
 Rosenblüten

Kakaobutter im Wasserbad schmelzen lassen. Alle trockenen Zutaten miteinander vermischen und die flüssige Butter einrühren. Die ätherischen Öle am Schluss unterrühren. Etwas gemahlene Rosenblüten in die Silikonform streuen und die Masse eingießen. Nach dem Erkalten aus der Form drücken und liebevoll verpacken. Die duftenden Öle regen die Sinne an und bescheren unvergessliche Stunden zu Zweit.

### Liebesgarten

*Die Liebe ist ein Rosenstrauch.*
*Wo blüht er, wo blüht er?*
*Ei nun, in unserm Garten,*
*Darin wir zwei, mein Lieb und ich,*
*getreulich seiner warten,*
*Wofür er uns aus Dankbarkeit*
*Alltäglich neue Blumen streut.*
*Und wenn im Himmel Rosen blühn,*
*sie können doch nicht schöner blühn.*

Robert Reinick 1805–1852

# Weitere Bücher aus dem Schwedhelmverlag

## Abenteuer Wildkräuter

*Paperback • 24x17 cm*
*zahlreiche Farbabbildungen • 72 Seiten*
*ISBN 978-3-941317-01-7 • 9,95 Euro [D]*

Unbekannte Düfte und verschiedene Ge-
schmacksrichtungen regen die Sinne an.
Im Buch werden 40 Tipps für die Zubereitung
von leichten und delikaten Wildkräutergerich-
ten ausführlich beschrieben.

## BlütenSeelen®
Blütenessenzen aus
bayerischen Wildkräutern

*Paperback • 24x17 cm*
*zahlreiche Farbabbildungen • 211 Seiten*
*ISBN 978-3-941317-05-5 • 16,80 Euro [D]*

Lesen Sie alles über die Entstehung der Blüten-
Seelen. Wie sie ausgewählt, angewendet und
dosiert werden.
Die Heilkraft von 21 Wildpflanzen, ihre tradi-
tionelle Anwendung in der Kräuterheilkunde
und Klassifizierung in der Traditionellen Chine-
sischen Medizin werden im Buch beschrieben.